JN334136

たにぞうの
手あわせあそびおねがいします

谷口國博・著

チャイルド本社

はじめに

　たった1つのあそびでも、そこにはいろんなことがあります。
　「入れてっー」と言ってみたり、「ダメッ」と断られたり、たたいたり、たたかれたり、泣いたり、泣くのをがまんしたり、相手を許したり、許されたり、仲間と協力したり、裏切られたり……。子どもたちの生活の中には、いろんなことがあるのです。そうした様ざまな力は、仲間関係の中で、そしてあそびの中で育っていきます。
　この本は、1対1のあそびを中心に書きました。ぼくは、これを「手あわせあそび」と呼んでいます。
　まずは相手を見つめて、さわって、笑って、人とかかわることの心地よさを十分感じてほしいなあ。ふたりで成立するあそびなので、じっくり仲間とかかわりながら遊んでみてください。あそびは、自分たち流にどんどん変えてもらってかまいません。
　みなさん（指導者）が子どもたちに教えるときは、一斉に「せーのっ」でやるのではなく、仲間に広げてくれそうな子を1人見つけ、その子とまず遊んでみてください。あとは、その子が興味を示せばしめたもの。その子があそびを広げてくれるのをじっくり待ちましょう。
　この「手あわせあそび」を媒介にして、仲間とかかわりあうことの楽しさ、すばらしさが、子どもたちの中に育ってくれたら、最高です。

　2003年5月

谷口國博

CONTENTS

はじめに ……………………………………………… 3

第1章　春・さわやかに いってみましょう

ワニのおくち ……………………………………… 8
田んぼの中では …………………………………… 10
グッとちょっとバイ ……………………………… 12
きれいな花に ……………………………………… 14
ぼくのこいのぼり ………………………………… 16
おてらのおしょうさん …………………………… 18
なべなべそっこぬけ ……………………………… 20
どこあるく？ ……………………………………… 22
コラム …………………………………………… 24

第2章　夏・元気に いってみましょう

エレベーター ……………………………………… 26
たなばたでばったり ……………………………… 28
かがとんでいる …………………………………… 30
ヤドカリ …………………………………………… 32
かたつむり、ほい！ ……………………………… 34
かきごおり ………………………………………… 36
まきついたタコ …………………………………… 38
ひとのけはい ……………………………………… 40
コラム …………………………………………… 42

第3章　秋・なりきって いってみましょう

- おつきさまとおひさま ……………………………… 44
- とんぼ ……………………………………………… 46
- ドンパッチー ……………………………………… 48
- しんごうき ………………………………………… 50
- 忍法手裏剣 ………………………………………… 52
- 東西電車 …………………………………………… 54
- 十五夜さんのもちつき ……………………………… 56
- きつつき …………………………………………… 58
- **コラム** …………………………………………… 60

第4章　冬・寒さに負けず いってみましょう

- ふゆのむしはとうみんちゅう ……………………… 62
- かどのラーメン屋 …………………………………… 64
- ともだちっていいな ………………………………… 66
- おじぞうさんのてのひらに ………………………… 68
- まねしんぼうのフクロウさん ……………………… 70
- おこのみやき ………………………………………… 72
- 池の河童 …………………………………………… 74
- アルプス一万尺 ……………………………………… 76
- せんろはつづくよどこまでも ……………………… 78
- あんたがたどこさ …………………………………… 80
- **コラム** …………………………………………… 82

CONTENTS

第5章 歌の時間ですよ

おはよう！ ……………………………………… 84
くものまほう！ ………………………………… 86
ぼくんちのいぬのなまえはこうへい！ ……… 88
ぼくはまちのまどふき ………………………… 90
はたらきもののおじいさん …………………… 92
ゆっくり歩いていこう ………………………… 96
やくそく ………………………………………… 100

本書は、月刊雑誌『保育プラン』（2001〜2002年度、チャイルド本社 刊）に連載されたものを中心に再構成されたものです。

第1章

春・さわやかに いってみましょう

ワニのおくち

おやこでもOK

トリさんワニさんのはみがきしてちょうだい！
でも、ワニさんにパックンされないようにね。

CD「うたのじかんですよ」に収録
（NKCD-3861）発売：チャイルド本社

2人組になり、それぞれワニ役とトリ役になって向かい合う。

1 ♪**ワニのおくちが〜パックンパックン**
リズムに合わせて、「手をたたく」「ワニ役が手を開き、トリ役がその中に手を入れる」を交互に繰り返す。

繰り返す

ワニ役　　　トリ役

2 ♪**とりさん　はみがき　してくださーい**
トリ役がワニ役の手をコチョコチョとくすぐる。

第1章　春・さわやかに いってみましょう

ワニのおくち

作詞・作曲　谷口國博

ワ ニ のお くち がパッ クン パッ クン ひ らい て と じ てパッ クン パッ クン
と りさん は みが き し てく だ さーい そ ろそ ろお なか がすい て きた（パクッ）

3 ♪そろそろおなかが　すいてきた
ワニ役はトリ役の手をたたく用意をし、トリ役は逃げる用意をする。

4 ♪（パクッ）
ワニ役はパチンとトリ役の手をたたく。

やってみてください。

★おおぜいでも楽しめる。

★ワニとトリの帽子を作って遊んでも楽しいね。

田んぼの中では

カエルがゲーロ、カラスがカァー。
田んぼに響く歌声に合わせて、
手をパッチン。さあ、一緒にコーラスしよう!

CD「うたのじかんですよ」に収録
(NKCD-3861) 発売:チャイルド本社

2人組になって、向かい合う。

1 ♪たんぼのなかでは カエルがゲーロ

リズムに合わせて、「1人で手を合わせる」「2人で手を合わせる」を交互に繰り返す。「ゲーロ」のところは、2人の手を下で合わせる。

2 ♪たんぼのうえでは カラスがカーア

①と同じようにして、「カーア」のところは、2人の手を上で合わせる。

第1章　春・さわやかに いってみましょう

田んぼの中では

作詞・作曲　谷口國博

たんぼのなかでは　カエルがゲロ　たんぼのうえでは　カラスがカーア
ゲロゲロカァカァー　ゲロカァカァー　したみてうえみて　かたこった

3 ♪ゲロゲロカァカァー　ゲロカァカァー
「ゲロ」では下で手を合わせ、
「カァ」では上で手を合わせる。

4 ♪したみてうえみて　かたこった
腕を組んで、歌詞のとおりに下、上と見る。
「かたこった」でじゃんけんぽん。

バリエーション考えてみました。

★隣の人と手合わせあそびをし、最後のじゃんけんは、リーダーとする。

グッとちょっとバイ

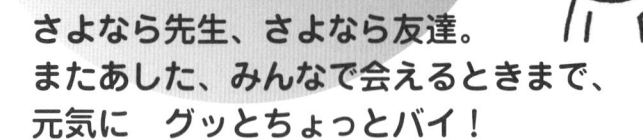

さよなら先生、さよなら友達。
またあした、みんなで会えるときまで、
元気に　グッとちょっとバイ！

2人組になり向かい合う。

1 ♪ぱっぱっ
互いにパーを
だしてトントン
と2回手のひら
を合わせる。

2 ♪グッと
互いにグーを出して相手と合わせる。

3 ♪ちょっと
互いにチョキを
出して指先を相
手とつける。

4 ♪グッとちょっと
②③と同じ。

5 ♪バイバイ
①と同じ。

6 ♪ありがと
おじぎをする。

第1章　春・さわやかに いってみましょう

グッとちょっとバイ
作詞・作曲　谷口國博

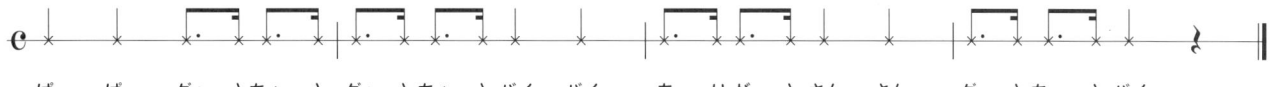

ばっ　ばっ　グッ　とちょっと　グッ　とちょっと　バイ　バイ　あ　りが　とさん　さん　グッ　とちょっと　バイ

7 ♪さんさん
互いに指を3本ずつだして指先を相手とつける。

8 ♪グッとちょとバイ
②③④と同じだが、最後の手のひらを合わせる動きは1回

バリエーション考えてみました。

★いつもの「さようなら」のときに、子どもどうしや、保育者と子どもで、やってみましょう。

きれいな花に

花のみつのにおいがプ〜ンとしたら、
チョウチョがひらひら飛んできたよ。
おいしいみつをいただきま〜す。

ＣＤ「うたのじかんですよ」に収録
（NKCD-3861）発売：チャイルド本社

2人組になり、1人がチョウチョ役、もう1人が花役になる。

1 ♪きれいなはなに ちょうちょがとまった

チョウチョ役は手でチョウチョをつくる。花役は手でつぼみをつくる。

花 / つぼみ / ちょうちょ

2 ♪おいしいみつを ぺろぺろなめた

チョウチョ役は手で、花役のつぼみを触る。

へんなカンジ…。 / ひらひらひら

第1章　春・さわやかに いってみましょう

きれいな花に

作詞・作曲　谷口國博

きれいなはなに　ちょうちょがとまった　おいしいみつを　ぺろぺろなめた
あんまりおいしいから　ぺろぺろなめた　ぺろぺろぺろぺろ　ぺろぺろなめた

3 ♪**あんまりおいしいから ぺろぺろなめた**
チョウチョ役の手が花役のつぼみの中に入る。

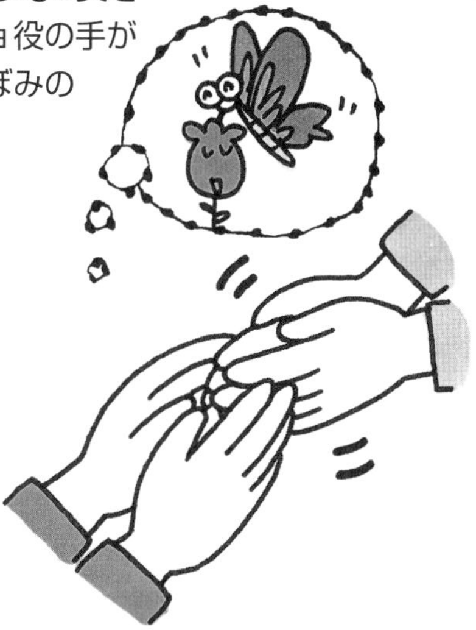

4 ♪**ぺろぺろぺろぺろ　ぺろぺろなめた**
チョウチョ役が花役の全身をくすぐる。

やってみてください。

★散歩に行って、花のにおいをかいでみましょう。

ぼくのこいのぼり

2人組になり、1人がコイ役、もう1人がコイをつかまえる役になる。

コイをつかまえる役は手をひじから軽く曲げて構える。コイ役は手を合わせて腕を伸ばす。

1 ♪ぼくのこいのぼり

うたを繰り返し歌いながら、コイ役は腕を突き出したり引っ込めたりする。

第1章　春・さわやかに いってみましょう

ぼくのこいのぼり

作詞・作曲　谷口國博

ぼくの　こいのぼり　だれか　つかまえて

2 ♪だれかつかまえて
コイをつかまえる役は自分のタイミングでコイ役の腕をつかまえる。

＊うたを何回も繰り返して歌いながら好きなところでコイをつかまえて遊ぶと、楽しいですよ。

やってみてください。

★鉄棒にぶら下がったりして、こいのぼりの気持ちになってみましょう。

おてらのおしょうさん

スタンダード

おしょうさんがかぼちゃの種をまいたよ。
芽が出て、つぼみがふくらんで…。
いちばんきれいな花が咲いたのは、どの種？

2人組になって向かい合う。

1 ♪**おてらのおしょうさんがかぼちゃのたねをまきました**
うたに合わせて、「両手」「右手」「両手」「左手」の順に互いの手のひらを合わせる。

＊くりかえす

2 ♪**めがでて**
胸のところで手のひらを合わせる。

3 ♪**ふくらんで**
手を丸くする。

第1章 春・さわやかに いってみましょう

おてらのおしょうさん

わらべうた

おてらのおしょさんがかぼちゃのたねをまきましためがでてふくらんではながさいてじゃんけんぽん

4 ♪はながさいて
手のひらを上にして広げる。

5 ♪じゃんけんぽん
じゃんけんをする。

やってみてください。

★花の一生をみてみましょう。

春　　　夏　　　秋　　　冬

スタンダード

なべなべ そっこぬけ

友達と手をつないでおなべを作ろう！
ユラユラ、おなべを大きくゆらしたら、
あら、底がぬけちゃったー。

2人組になって向かい合う。

1 ♪なべなべそっこぬけ
手をつなぎ、うたに合わせて大きく横にゆらす。

2 ♪そっこがぬけたら　かえりましょう
腕をぐるっと回して、背中合わせになる。

ホイ　くるっと　うしろむき

第1章 春・さわやかに いってみましょう

なべなべそっこぬけ

わらべうた

♩ = 104

な べ な べ そっ こ ぬ け
そっ こ が ぬけ た ら か え り ま しょう

3 ♪なべなべそっこぬけ
背中合わせで
ユラユラ

4 ♪そっこがぬけたら もどりましょう
腕をぐるっと回して、向かい合わせに戻る。

「ぐるっと」
「もとどおり。」

バリエーション考えてみました。

★何人でできるか挑戦です。

どこあるく？

おやこでもOK

ニョロニョロ、トコトコトコトコ。
しゃくとりむしが腕を登ってくるよ。
どこを歩いているか当てっこしよう！

2人組になり、1人がしゃくとりむしの役となり、もう1人の子は目をつぶる

見てないよっ！

1 ♪しゃくとりむし　しゃくとりむし
しゃくとりむしの役の子が目をつぶった子の腕を
人さし指と親指でニョロニョロ登っていく。

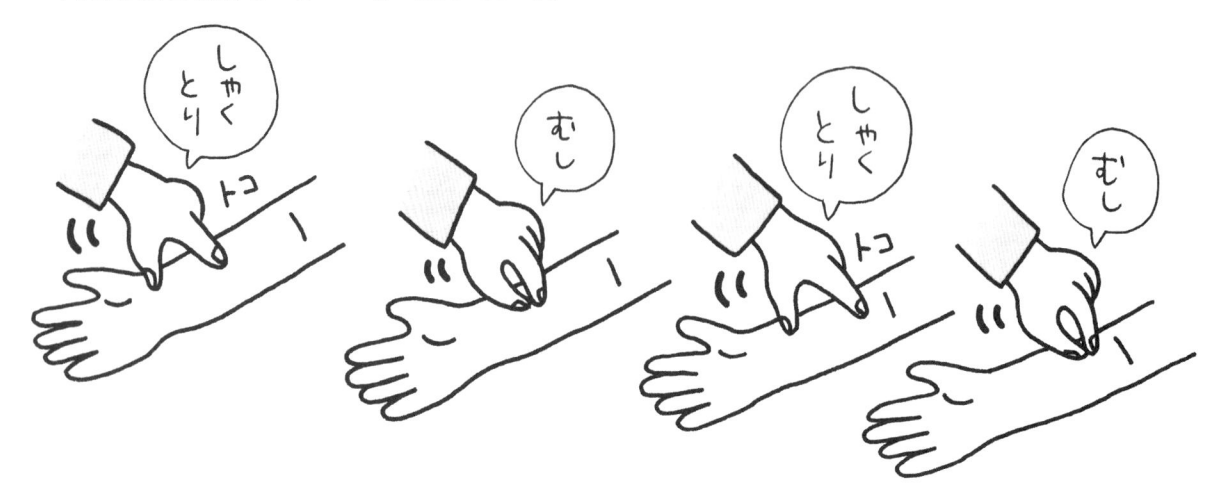

しゃくとり　トコ
むし
しゃくとり　トコ
むし

第1章　春・さわやかに いってみましょう

どこあるく？

作詞・作曲　谷口國博

しゃくとりむし　しゃくとりむし　どこあるく

2 ♪どこあるく
ひじのところで「ストップ」が言えたら、OK！

＊意外と当たらない

ストップ
当たり！

もーっ すぎてるっ ちゅーの。
ストップ
あれ？
ひじは まっすぐ のばしてね！

バリエーション考えてみました。

★ひざの裏などいろいろな場所で当てっこしたり、字を書いて当てっこしよう。

ひざのウラ。
ストップ〜

さしすせそ の さ。
えーっと、なんだろぅ…。

コラム

園はおおきな家族

　ぼくの勤めていた保育園には、園庭の真ん中にモモの木があって、春になるときれいにピンクと白の花を咲かせてくれた。

　そこはいつも子どもたちの集まる場所になっていて、ゴザを敷いて、ままごとを楽しんだり、ゴロゴロしたりする場所になっていた。

　新入の子も進級した子も、大きい子も小さい子も、大人も赤ちゃんもみんな一緒にモモの木の下でゴロゴロ。

　保育園が1つのおおきな家族みたいだったな。

　あの時この本に載せたような遊びをしていれば、もっと子どもたちとじっくりかかわれたのになあ……。

第2章

夏・元気に いってみましょう

エレベーター

おやこでもOK

扉が閉まって、パチン！
たたかれちゃうかな、セーフかな。
ハラハラドキドキ、エレベーター。

2人組になり、それぞれエレベーター役と扉役になって向かい合う。

2階、「手あわせ遊び」でございます。

1 ♪のぼるのぼる　エレベーター

リズムに合わせて、エレベーター役は左右交互に手を上げていく。扉役は手を広げてエレベーター役の手が下がってくるのを待つ。

2 ♪３２１０　パチーン

エレベーター役は上まで両手を上げたら、「3、2、1、0」で片手を腰に当て、もう一方の手を勢いよく下げる。扉役は下がってきた手をパチンとたたく。

第2章　夏・元気に いってみましょう

エレベーター

作詞・作曲　谷口國博

のぼーるのぼーる　エレベーター　　3 2 1 0　パチーン

さがーるさがーる　エレベーター　　3 2 1 0　パチーン

3 ♪さがるさがる　エレベーター

エレベーター役は左右交互に手を下げていく。扉役は手を広げてエレベーター役の手が上がってくるのを待つ。

4 ♪3 2 1 0　パチーン

エレベーター役は下まで両手を下げたら、「3、2、1、0」で片手を腰に当て、もう一方の手を勢いよく上げる。扉役の子は上がってきた手をパチンとたたく。

＊役を交替して、繰り返し楽しみましょう。

バリエーション考えてみました。

★ボールを使ってやってみよう。

★エレベーターガールになってみよう。

たなばたで ばったり

おやこでもOK

七夕の日、織姫と彦星が天の川でばったり。
いち、に、さん、二人でジャンプ。
同じ川岸に下りられるかな？

2人組になり、向かい合って手をつなぐ。2人は天の川の上にいるイメージで。

1 ♪**たなばたで ばったり**
手をつないだまま、リズムに合わせて、右、中央、左とジャンプ。

♬たなばた♬　♪で♪　♪ばったり♬

2 ♪**おりひめ　ひこぼしさん**
手をつないだまま、リズムに合わせて、中央、右、中央とジャンプ。

おりひめ　　ひこぼし　　さん

ぴょん　ぴょん

第2章　夏・元気に いってみましょう

たなばたでばったり

作詞・作曲　谷口國博

た　なば　たで　　ばった　りおりひめ ひこぼ しさん　　せ〜の ドン

3 ♪せ〜の
つないだ手を離して、右か左か、互いにジャンプの準備。

4 ♪ドン
ジャンプして、同じ川岸へ下りたらOK！
離ればなれになったら残念。

バリエーション考えてみました。

★リーダーを1人決め、おおぜいがリーダーと向かい合ってやってみる。ジャンプの方向がリーダーと合わない子がつぎつぎ抜けていき、最後まで残った子が最愛のパートナー。

かが とんでいる

プ〜ン、プ〜ンと飛び回る蚊。
ぱちっ、ぱちっ。蚊退治の修行を始めよう！
両手でたたけたら、おみごと。大成功！

ＣＤ「うたのじかんですよ」に収録
（NKCD-3861）発売：チャイルド本社

2人組で1人が蚊の役となり、向かい合って座る。

1 ♪かのきせつ（2回）
1人は目を閉じる。蚊の役は歌いながら片手を蚊に見たて、相手の顔の周りを飛んでいるように手を動かす。

2 ♪かとりせんこう ぐーるぐるー
蚊の役が蚊取り線香の煙にやられた蚊をイメージしてくるくると手をくねらす。

3 ♪うえしたまんなか（2回）
蚊の役が相手の顔の前で、歌詞のとおりに上、下、真ん中と手を移動させる（2回繰り返す）。

第2章　夏・元気に いってみましょう

かがとんでいる

作詞・作曲　谷口國博

かのきせつ　かのきせつ　かとりせんこう ぐー るぐるー
うえ した まんなか　うえ した まんなか　か が とん で い る　ぱちっ

4 ♪かがとんでいる
蚊の役が上、下、真ん中のいずれかの場所で手を止める（相手に気づかれないように静かに！）。

5 ♪ぱちっ
相手は上、下、真ん中のいずれかを両手でたたく。みごと当たれば、蚊退治修行、成功！

バリエーション考えてみました。

★蚊の役は蚊のような声で歌ってみよう。

★室内にいる蚊のようすを観察してみよう。

ヤドカリ

ヤドカリが砂浜をヨチヨチ歩いている。
あっ、危ない、波がやってきた〜
波にさらわれないように歩くんだよ。

2人組になり、1人がヤドカリ役、もう1人が波役になる。

1 ♪ヤドカリは　きょうもげんきに

ヤドカリ役は2本指を波役のひじ近くに立て、うたに合わせて波役の手のほうへ進んでいく。
波役は目を閉じている。

第2章　夏・元気に いってみましょう

ヤドカリ

作詞・作曲　谷口國博

| C | F | G | G7 | C |

ヤドカリは　きょう も げんき に あるいて いくの です

2 ♪あるいていくのです

波役は手のひらにヤドカリ役の2本指が入ってきたら、「パッ」とつかまえる。
つかまえたら波役の勝ち。逃げられたらヤドカリ役の勝ち。

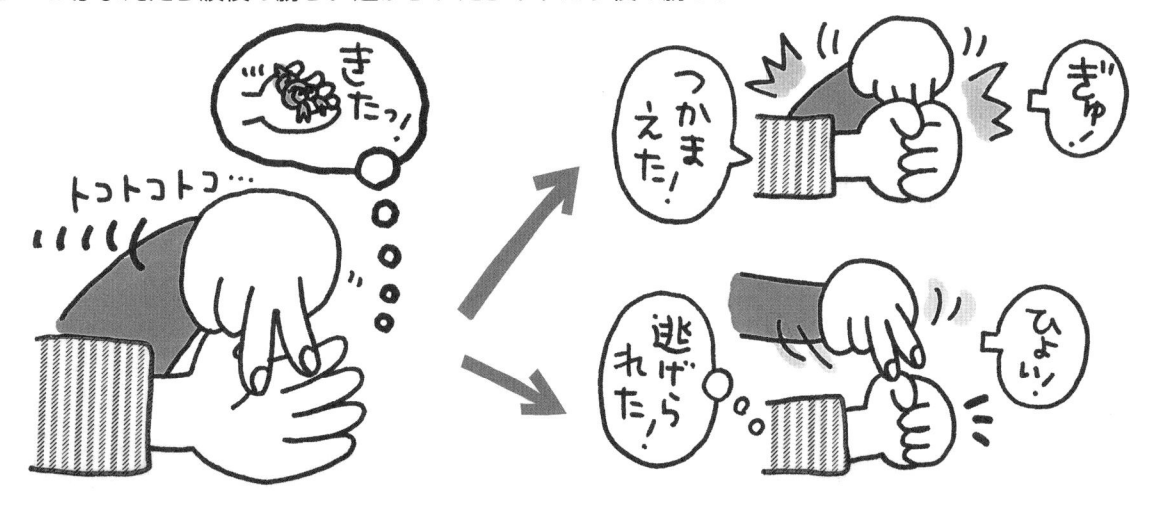

やってみてください。

★貝を拾って、海の音を聞いて遊んでみよう。

かたつむり、ほい！

おやこでもOK

雨の中、葉っぱの上に一匹のかたつむり。
どこからか友達のかたつむりがやってきた。
つのをグッーと伸ばして、ごあいさつ！

2人組になり、目と目を合わせて向かい合う。

1 ♪かた
ピースサインを出す。

両手でピースサイン。

2 ♪つむり
グーから親指と小指を立てたサインを出す。

両手でこんなサイン。

3 ♪かたつむり
もう2回、①②を繰り返す。

第2章　夏・元気に いってみましょう

かたつむり、ほい！

作詞・作曲　谷口國博

| C | F | C | F | C | F | G | C |

か　た　つ　む　り　　か　た　つ　む　り　　か　た　つ　む　り　　せ〜の　ほい！

4 ♪せーの
手をグーにして次に相手が何を出すか考える。

せーの！

5 ♪ほい！
①か、②のサインを出す。数回繰り返し、何回相手と同じものを出せるかやってみる。

ホイッ　ホイ　ホイッ

これで三回連続！

ざんねん！　あ！！

やってみてください。

★本物のかたつむりの触角の出しかたをよく見てみよう。

なるほどー。　ほほう。

かきごおり

シャッカシャッカ、ガツー。
ぐるぐる回して氷をかいたら、
ツーンと冷たいかきごおり、一丁あがり！

CD「うたのじかんですよ」に収録
(NKCD-3861) 発売：チャイルド本社

2人組になって、互いに向かい合う。

1 ♪シャッカシャッカのかきごおり
胸の前で手をたたいた後、右手を相手の左手にのせる、を繰り返す。

＊どちらの手から遊び始めるか決めておくと、スムーズに遊び始められます。

2 ♪ぐるぐるまわしてかきごおり
胸の前で手をたたいた後、左手を相手の右手にのせる、を繰り返す。

3 ♪たべすぎて
胸の前で手をたたいた後、両手を前に出して合わせる、を2回する。

4 ♪あたまが
頭に両手を置く。

5 ♪フーッ
両手を上に伸ばす。

第2章　夏・元気に いってみましょう

かきごおり

作詞・作曲　谷口國博

シャッカ シャッカ の か き ご おり　ぐ る ぐ る ま わ し て か き ご おり
た べ す ぎ て あ た ま が フーッ　フーッ と な っ た ら ジャン ケン ポン

6 ♪フーッとなったら　ジャンケンポン
じゃんけんをする。勝ったら相手を氷に見たてて10回ぐるぐる回す。

ポイ！
10回まわすよっ！
こおりね。
じゃっ
ぐる
ぐる

やってみてください。

★実際にかきごおりを作ってみよう。

★いろいろな味のかきごおりを食べて舌の色をチェックしよう。

いちごでまっか。
ブルーってビーっ？
ガリガリ

まきついたタコ

おやこでもOK

タコのあしがまきついて、
どれがどのあしかわからない〜
じょうずにほどいてみよう！

2人組になる。

1 ♪ぐるぐる
かいぐりをする。

「かいぐり」

2 ♪まきついた
てをひねって、両手をクロスさせる。

手のひら同士をあてる

3 ♪タコのあし
内側にひっくりかえす。

「くるっと！」

こーうなる！

38

第2章　夏・元気に いってみましょう

まきついたタコ

作詞・作曲　谷口國博

ぐ　るぐ　るまきつい　たタ　コの　あし

4 （ゲーム）「なかなか　どうして　はなれない」と唱えながらゲームをする。
もう一人が指定した指だけを上に伸ばすあそび。

あれ？
ぐっ
これじゃない…
はい！この指動かしてみて！
よっしゃ

＊むずかしそうに見えますが簡単ですので、ぜひやってみましょう。

バリエーション考えてみました。

★だれがすごいかさがしてみよう。

ミキちゃんスゴイッ
ホイホイ
次、こっちとあっちのお兄さん指をいっしょに！
もも組でいちばん！

ひとの けはい

あれれ、うしろにあやしい気配が！
振り向こうか、やめようか。
思いきって…くるっ。顔が合わないようにね。

CD「うたのじかんですよ」に収録
（NKCD-3861）発売：チャイルド本社

おやこでもOK

2人組になる。

1 ♪うしろにあやしい　ひとのけはい
前の子は目をつぶり、ひざをかかえて座る。
もう一人の子は後ろからそっと近寄る。

2 ♪かたでももんでくれたらいい
後ろの子は前の子の肩をもむ。

3 ♪きゅきゅ　とんとん…
うたに合わせて、肩をもんだりたたいたりする。

4 （最後の）とん
うたの最後で、前の子はどちらかに振り返る。後ろの子も左右どちらかに顔を出す。

第2章　夏・元気に いってみましょう

ひとの けはい

作詞・作曲　谷口國博

うしろに あやしい ひとの けはーい
かたで もお もんで くれたら いい
きゅ きゅ とん とん きゅ とん とん
きゅ きゅ とん とん きゅ とん とん

5（休符の後）
※顔が合ったら　アウト。「キャー」と倒れる。　　※顔が合わなかったら　セーフ

バリエーション考えてみました。

★何回セーフが続くか！勝負！

コラム

ホタルって熱いの？

　夏に学童の子どもたちとキャンプに行ったとき、「夜の散歩をしよう！」ということになって、本当はぼくが一番怖かったんだけど、お化け役をやることに。そしてまっくらな闇で子どもたちを待っていると、「ちらちら！　ちらちら！」って、灯りが林の中からぼくのほうへ飛んできた。
　「出たー!!」と思ったね。そしたらホタルだった。
　「これはこれは」と、そーっと潰さないように捕まえて、子どもたちの所へいちもくさん。「出たー!!」って、子どもたちも逃げるもんだから、困ったね。
　ようやく落ち着いてホタルを見ると「ポッ！　ポッ！」って小さくかわいく光っている。そしたらＹちゃんが「たにぞう、ホタルって熱いの？」だって。感動したな！　その一言。
　ぼくたち大人は、さわるっていうことをあまり大切にはしていなかったんだね。
　触れたり、さわったりしてみないと何も感じないんだってことに気がついた。

第3章

秋・なりきって いってみましょう

おつきさまとおひさま

青空には、ピカピカおひさま。
夜空には、まんまるおつきさま。
昼・夜交代でぼくらを見守っているみたい。

2人組になって向かい合う。

1 ♪おつきさまと　おひさまは

背中合わせになるように、くるっと回ってジャンプした後、向かい合いながらリズムに合わせて2回手拍子をする。

2 ♪ならばない

①と逆向きにくるっと回ってジャンプした後、向かい合いながらリズムに合わせて2回手拍子をする。

第3章　秋・なりきって いってみましょう

おつきさまとおひさま
作詞・作曲　谷口國博

おつきさまとお ひさまはな らばない
せなかあわせで な らば ない ぷりっ

3 ♪ せなかあわせで　ならばない
背中合わせになって、しりずもうの準備。

4 ♪ ぷりっ
しりずもうをする。

やってみてください。

★ しりずもう大会を開催しよう。

★ 身体測定もしよう。

★ 土俵も用意してみよう。

とんぼ

夕焼け空をゆらりと飛ぶとんぼ。
さぁ、くるくると指を回して
とんぼを捕まえよう！ 何匹とれた？

2人組になって向かい合う。

1 ♪**とんぼがゆらり あたまのうえを**
とんぼ役が1本指を上に向けて、優しくくるくると回す。

2 ♪**とんぼがゆらり とまった**
1本指をとる役の鼻につける。

第3章 秋・なりきって いってみましょう

とんぼ

作詞・作曲　谷口國博

とんぼがゆらり あたま のうえを とんぼがゆらり とまった あっちむいてほい

3 ♪あっちむいて
「あっち」と「むいて」で、それぞれ右か左に指をさす。とる役は、必ず指と同じ方向を向くこと。

4 ♪ほい
さす指と違う方向を向けば、とる役の勝ち（真ん中もあり）。

やってみてください.
★実際にトンボでやってみよう。

ドンパッチー

さぁ、勝負の時が来た！
ドンパッチーチャンピオンはだれ？
今日からみんなでドンパッチー！

2人組になって向かい合う。まず、じゃんけんのグーを「ドン」、パーを「パッ」、チョキを「チー」と言えるようにする。

1 ♪ドンパッチー　ドンパッチー

「ドン」で両こぶしの小指側を合わせる。
「パッ」で両手のひらを合わせる。
「チー」で両手でチョキを合わせる。
次の1拍は手拍子。これを2回繰り返す。

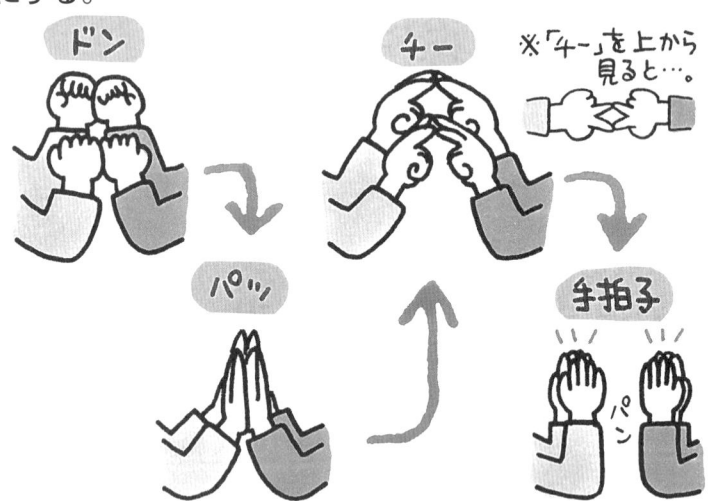

2 ♪ドンドンパッチー　ドンパッチー

最初の「ドン」「パッ」「チー」は①の動きと同様に。最後の「ドンパッチー」でじゃんけんをする。勝った子がリーダーとなり、ゲーム開始。

第3章 秋・なりきって いってみましょう

ドンパッチー

作詞・作曲　谷口國博

ドン パッ チー　　ドン パッ チー　　ドン ドン パッ チー　　ドン パッ チー

3（ゲーム）

リーダーがじゃんけんで勝った手（ドンかパーかチー）を2回繰り返し、次のタイミングで違う手をだす。相手もだしている手を変える。同じ手がでるまで続けて、同じ手になったときに「ドカン」と早く言ったほうの勝ち。勝った子がリーダーとなり、ゲームを続ける。

やってみてください。

★クラスでだれがいちばん強いか、ドンパッチー選手権をやってみよう。

しんごうき

しんごうきはパッチリおめめ。
青いめは進め、赤いめはとまれ。
手をあげて、ゆっくり渡ろうしんごうき。

2人組になり、互いに向かい合う。

1 ♪ゆっくり
胸の前で手をたたいた後、右手を前に出して合わせる。

2 ♪わたろう
胸の前で手をたたいた後、左手を前に出して合わせる。

3 ♪しんごうき
胸の前で手をたたいた後、両手を前に出して合わせる、を2回する。

もういちどくりかえす

4 ♪あか あおの しんごうき
①〜③を繰り返す。

5 ♪みぎみて
それぞれ右を見る。

6 ♪ひだりみて
それぞれ左を見る。

7 ♪もういちどみぎみて
胸の前で手を2回手をたたいた後、それぞれ右を見る。

第3章　秋・なりきって いってみましょう

しんごうき

作詞・作曲　谷口國博

ゆっくりわたろう しんごうき　あかあおの しんごうき
みぎみて ひだりみて もういちど みぎみて あっ とくるまが やってきた

8 ♪あっと
両手を上げる。

9 ♪くるまがやってき
両手をこすり合わせる。

10 ♪た
右か左のどちらかにジャンプ。いっしょだったらアウト。違ったらセーフ。

た！　セーフ
た！　エイッ　アウト

やってみてください。

★交通安全の勉強をしよう。

いまは止まっていましょうね

忍法手裏剣

忍者の手裏剣、シュッシュシュッ。
しゃがむ！　ジャーンプ！
ビシッと、かっこよくよけよう！

CD「うたのじかんですよ」に収録
（NKCD-3861）発売：チャイルド本社

2人組になり、どちらが忍者役かを決める。

1 ♪とつぜんにんじゃが あらわれて
忍者役は両手を広げて相手の前に立つ。

2 ♪しゅりけんシュッシュと なげてきた
忍者役は手裏剣を投げるまねをする。

第3章 秋・なりきって いってみましょう

忍法手裏剣

作詞・作曲　谷口國博

とつぜん にんじゃが あらわれて しゅりけん シュッシュと なげてきた
あたまをよ けて あ しもよけて にん ぽうしゅりけん シュッシュッシュッ

3 ♪あたまをよけて
忍者役は頭をめがけて手裏剣を投げるまねをし、相手役はしゃがむ。

4 ♪あしもよけて
忍者役は足をめがけて手裏剣を投げるまねをし、相手役はジャンプする。

5 ♪にんぽうしゅりけん
互いに忍者ポーズをする。

6 ♪シュッシュッ
互いに手裏剣を投げるまねをする。

7 ♪シュッ
忍者役は頭か足に手裏剣を投げるまねをし、相手役はしゃがむかジャンプするかしてよける。うまくよけられるかな？

東西電車

東へ西へ走っていこう！
ゴールをめざし、息を合わせて、
ぽーと汽笛を鳴らして勇ましく。

3人組になる。

1 ♪ひがしへ　とうざいでんしゃ
右を向いて走るまねをする。

2 ♪にしへ　とうざいでんしゃ
左を向いて走るまねをする。

3 ♪とうざいでんしゃは　シュッシュッシュッシュ
正面を向く。

第3章 秋・なりきって いってみましょう

東西電車

作詞・作曲　谷口國博

ひがしへ とうざい でん しゃ　にーしへ とうざい でん しゃ
とうざい でんしゃは シュッ シュッ シュッ シュッ　きょうは どちらまで　ぽー

4 ♪きょうは どちらまで
好きなポーズで止まる。

カンカンカン
ピタ

5 ♪ぽー
右か左を向く。3人とも同じ向きならセーフ。

やってみてください。

★散歩の時に、電車を見に行ってみよう。

かっこいいねー！

十五夜さんのもちつき

スタンダード

じゅうごやさんのもちつきがはじまった。
トーン、トーン、トッテッタ。
やわらか～いおもちがつけたよ！

2人組になり、向かい合う。

1 ♪じゅうごやさんのもちつきは　トーン　トーン
1人は、同じテンポで右手を上下させる。もう1人は、見ている。

2 ♪トッテッタ　トーン　トーン
「テ」のところで、相手の手を触る。

3 ♪トッテッタ　トッテトッテ　トッテッタ
②を繰り返す。

4 ♪おっこねた　おっこねた
「ねた」で、相手の手のひらをこねる。

5 ♪おっこね　おっこね　おっこねた
④を繰り返す。

第3章　秋・なりきって いってみましょう

十五夜さんのもちつき

わらべうた

じゅうごやさん の　もちつきは　トーン　トーン　トッ テッ タ　トーン　トーン　トッ テッ タ　トッ テ トッ テ　トッ テッ タ

おっ こねた　おっ こねた　おっ こねおっ こねおっ こねた　トッ ツイタ　トッ ツイタ　トッ ツイ トッ ツイ　トッ ツイ タ

シャーン　シャーン　シャン シャン シャン　シャーン　シャーン　シャン シャン シャン　トッ テ トッ テ　トッ テッ タ

6 ♪トッツイタ　トッツイタ
「ツイ」で、相手の手のひらを両手をそろえてつく。

7 ♪トッツイトッツイ　トッツイタ
⑥を繰り返す。

8 ♪シャーン　シャーン
下で2回手をたたく。

9 ♪シャン　シャン　シャン
「下」「中」「上」の順に、手を1回ずつたたく。

10 ♪シャーン　シャーン
上で2回手をたたく。

11 ♪シャン　シャン　シャン
「上」「中」「下」の順に、手を1回ずつたたく。

12 ♪トッテ　トッテ
⑨の動きを、「中」「上」「中」「下」の順に繰り返す。

13 ♪トッテッタ
⑨の動きを、「中」「上」「中」の順に繰り返す。

きつつき

きつつきは森の大工さんみたい。
トントン打つのが上手だね。
手をくちばしにして木をほってやってみよう。

（基本ポーズ）右手がくちばし、左が木

1 ♪きつつきさんが あなをほる
8回たたく。

2 ♪トントン トントン トントン トントン
8回たたく。

3 ♪いっしょう けんめい
4回たたく。

4 ♪ほりすぎて
4回たたく。

5 ♪くらっ くらっ
2回たたく。

6 ♪くらっ（休符）
2回たたく。

7 ♪くらっ
1回たたく。

8 ♪くらっ
1回たたく。

9 ♪くらっ
パン（拍手）

第3章　秋・なりきって いってみましょう

きつつき

作詞・作曲　谷口國博

きつつきさんがあなをほる　トン トン トン　トン トン トン
いっしょうけんめい ほりすぎて　くらっ くらっ くらっ　くらっ くらっ くらっ

※大勢でやるときは横一列になって。

バリエーション考えてみました。

★2人以上で合わせると盛り上がるぞー。向かい合ってもできる。

トトトトトトトトト
ンンンンンンンンン

くらっ くらっ

くらっ くらっ

コラム

わらべうたになりたい！

　保育雑誌を見ていたら、作詞者・作曲者が健在で今も活躍されている有名な方なのに、作者の欄に"わらべうた"と書かれていた。

　あわてて、その出版社に作詞者・作曲者の名前をお伝えすると「イヤー、もう古い歌で、みんな知ってる"わらべうた"とばっかり思っていました！」と…。

　これを聞いて、少しうらやましかったなあ。ぼくの歌や遊びで、わらべうたに近いものはあるのだろうか？「えっ！　作者生きてるの〜」って言われるようなものがあるだろうか？

　だから今のぼくの目標は「わらべうたになること！」なんだよね。そんなふうに、歌や遊びをつくっていきたいね。

第4章

冬・寒さに負けず いってみましょう

ふゆのむしは とうみんちゅう

おやこでもOK

寒い寒い冬、虫たちはどうしているのかな？
葉っぱのおふとんにくるまって、
春がくるのを待っているんだよ。

2人組になって向かい合い、最初にたたくほうを決める。

1 ♪ふゆのむしは　とうみんちゅうで
拍手1回の後、右手どうし、左手どうしを2回ずつ合わせる。

2 ♪ふとんの
たたくほうが、先に手を差し出す。

3 ♪なかに
相手が手を重ねる。

第4章　冬・寒さに負けず いってみましょう

ふゆのむしはとうみんちゅう
作詞・作曲　谷口國博

ふゆ の む し は と う みん ちゅう で
ふ と ん の な か に い る

4 ♪いる
たたくほうが、さらに手を重ねる。

5 （休符の後）
相手が手を重ねる。うたの後、タイミングを見て、いちばん下の手を引き抜き、重なっている手を上からたたく。相手はたたかれないようにすばやく逃げる。

いない！　バシッ

やってみてください。

★冬の虫たちを探してみよう。

いる いる！　いっぱい いる！　ねてる。　うわ　ごろん！

かどのラーメン屋

かどのラーメン屋さんから、
いいにおいがしてくるね。
さあ、おいしいラーメンを食べにいこう！

ＣＤ「うたのじかんですよ」に収録
（NKCD-3861）発売：チャイルド本社

2人組になって向かい合う。

1 ♪さんちょうめの
手拍手1回の後、右手どうしを合わせる。

2 ♪かーーどの
手拍手1回の後、左手どうしを合わせる。

3 ♪ラーメンや すこしあじが かわったね
①②を繰り返す。

4 ♪いいかもね いいかもね
イラストのように手を組む。最初の「いいかもね」で右手を前にし、次の「いいかもね」で左手を前に。

→上から見たところ。

右前。
次、左前。

第4章　冬・寒さに負けず いってみましょう

かどのラーメン屋

作詞・作曲　谷口國博

さんちょうめ のかーど の ラーメン や　すこし あじ が かわった ね
いいかもね　いいかもね　それなら いいかもね　ドン

5 ♪それならいいかもね
うしろに手を組む。

「まいる!」「いざ!」

6 ♪ドン
④のように手を組む。お互いが同じ手を前にして、うまく手を組めたら成功。

「バシ!」「大成功!」「お!」
「スカ」「失敗。」「うむ。」

バリエーション考えてみました。

★テンポをどんどんあげていこう。

「ぱっぱっぱっ」「つおりゃっ!!」「連続5回成功!」

★ラーメン屋さんのようすを見てみよう。

「らっしぇい。」

おやこでもOK

ともだちっていいな

笑って泣いてけんかして、でも仲直り。
友達っていいな、あったかいな。
ぎゅっと握手。ずーっと友達だよ！

CD「うたのじかんですよ」に収録
（NKCD-3861）発売：チャイルド本社

2人組になって向かい合う。

1 ♪ともだちって いいな ともだちって おもしろい

手拍手1回の後、右手合わせ、手拍手1回の後、左手合わせ。リズムに合わせて4回繰り返す。

2 ♪いつでも どこでも

手拍手1回の後、両手を合わせる。手拍子1回の後、組んだ両手をひっくり返して合わせる。リズムに合わせて2回繰り返す。

手を組みひっくり返し、相手の手のひらと合わせる。

第4章　冬・寒さに負けず いってみましょう

ともだちっていいな

作詞・作曲　谷口國博

と　も　だ　ち　っ　て　い　い　な　　と　も　だ　ち　っ　て　お　も　し　ろ　い

い　つ　で　も　ど　こ　で　も　ず　っ　と　と　も　だ　ち

3 ♪**ずっと　ともだち**
右手で握手の後、そのまま左手も握手。「ともだち」のところで両手を左右に揺らす。

ユーラ
ユーラ

やってみてください。

★お別れ会で、
　みんなで
　やってみよう。

♬ずーっと　ともだち♡

おじぞうさんの てのひらに

道の横でじっと見守っているおじぞうさん。
あれっ、おじぞうさんのてのひらの
おまんじゅうを食べたのだーれ？

2人組になり、おじぞうさん役を決めて向かい合う。

1 ♪おじぞうさんの てのひらに

自分の左の手のひらを右手でたたき、右手を伸ばして相手の左の手のひらをたたく。リズムに合わせて4回繰り返す。

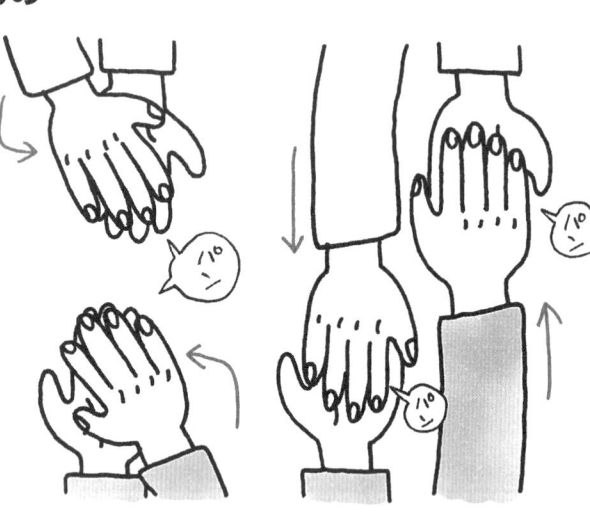

2 ♪いくつものってる おまんじゅう

自分の右の手のひらを左手でたたき、左手を伸ばして相手の右の手のひらをたたく。リズムに合わせて4回繰り返す。

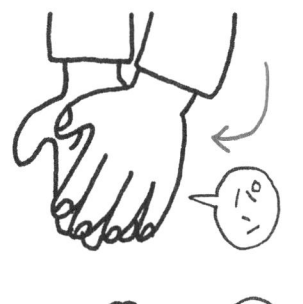

3 ♪さるかきつねか おばけかむじな

①と同じように。

4 ♪だれがぬすむか おまんじゅう

②と同じように。

第4章　冬・寒さに負けず いってみましょう

おじぞうさんの てのひらに

作詞・作曲　谷口國博

おじぞうさんの　てのひらに　いくつものってる　おまんじゅう
さるかきつねか　おばけかむじな　だれがぬすむか　おまんじゅう

5（歌い終わって）
　おじぞうさんの手のひらをちょんと触る。おじぞうさんはパチンと手をたたく。
　何回たたかれないで手のひらを触ることができるか競争しよう。

やってみてください。

★近所のおじぞうさんにあいさつしよう。

まねしんぼうの フクロウさん

HO〜HO〜.

まねしんぼうのフクロウさん。
友達と目を合わせたら、
まねごっこのはじまりはじまり。

2人組になり、まねをする人とされる人を決めて向かい合う。

1 ♪まねしんぼうの フクロウさん
両脇に手を入れて
ひじを上下する。

2 ♪いつも だれかの
①の動きを
しながら4
歩下がる。

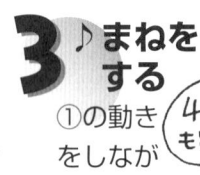

4歩さがる

4歩さがる

3 ♪まねを する
①の動き
をしなが
ら4歩前
進する。

4歩もどる

4歩もどる

4 ♪やぁ（やぁ）×4

＊8呼間で交互に、やぁでまねされる人が先に動き、
　まねをする人は（やぁ）でまねをする。

(a)右手を斜め上に上げる。　(b)左手も上げる。 　(c)右手を脇に戻す。 　(d)左手も戻す。

第4章　冬・寒さに負けず いってみましょう

まねしんぼうのフクロウさん
作詞・作曲　谷口國博

まねしんぼうの　フクロウさん　いつもだれかの　まねをする
やあやあやあやあやあやあやあやあ　まねをする　まねをする

5 ♪まねをする
まねをされる人は自分で考えたダンスをする。まねをする人はよく見る。

＊難しいダンスを考えてみましょう。

6 ♪まねをする
⑤のダンスをまねして踊る。

やってみてください.

★フクロウを探してみよう。

★いろいろな人とやってみよう。

おこのみやき

ふっくらアツアツおこのみやき。
たたいて、返して、ソースをぬって。
どれがおいしく焼けたかな？

2人組になり、互いに向かい合う。

1 ♪たたいちゃいけない　おこのみやき
胸の前で手を2回たたいた後、両手を前に出して合わせる。これを2回繰り返す。

2 ♪ひっくり
手のひらを上に向けて、どちらか片方の手を出す。

3 ♪かえして
手のひらを下に向ける。

4 ♪ソースをぬって
両手を前に出して3回タッチする。

第4章　冬・寒さに負けず いってみましょう

おこのみやき

作詞・作曲　谷口國博

た たいちゃい けな い おこの みやき ひっくりかえして ソース をぬって

た たいちゃい けな い おこの みやき ひっ くりかえして いただ きます

5 ♪たたいちゃ
〜かえして
①②③を
繰り返す。

6 ♪いただき
かいぐりをする。

7 ♪ます
手のひらを上
か下か、どち
らかに向けて
出す。相手と
同じ向きなら
成功。

やってみてください.

★おやつにおこのみやきを作ってみよう。

池の河童

かっぱがないています
かわをきれいにしましょう

池の河童がきれいな川へお引っ越し。
ほかの河童にぶつからないように、
ぴょん、ぴょん、ぴょんとリズムよく！

2人組になる。

1 ♪いけのかっぱが やってきて
前、後、
前、後、
前、後、
前、右
と跳ぶ。

2 ♪ひっこししなきゃと ないている
後、前、後、前、後、前、後、左と跳ぶ。

第4章　冬・寒さに負けず いってみましょう

池の河童

作詞・作曲　谷口國博

いけのかっぱが　やってきて　ひっこししなきゃと　ないている
よごれたいけには　すめないね　だからひっこし　あのやまへ

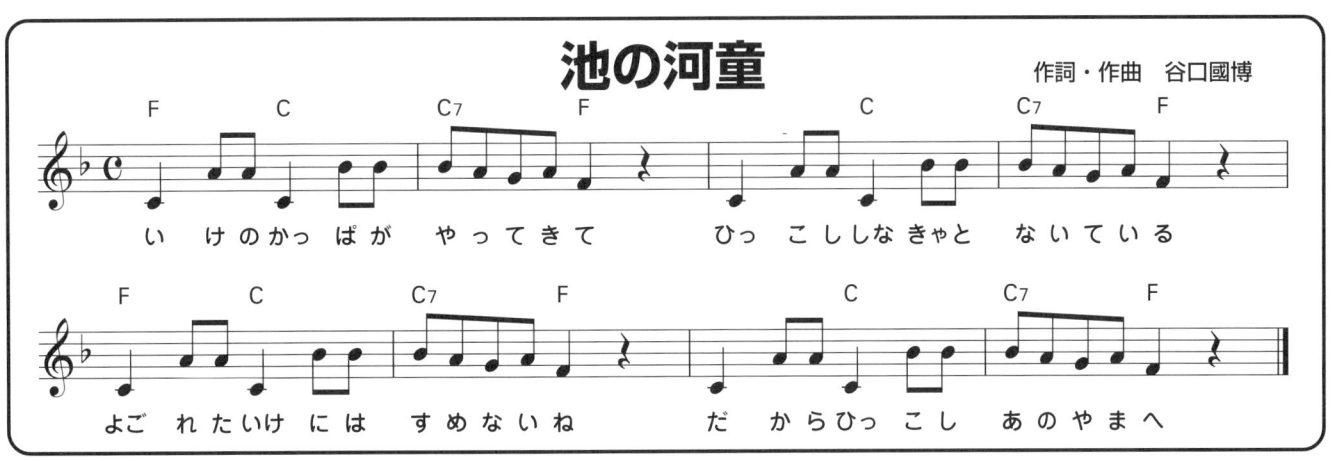

3 ♪よごれたいけには　すめないね
①と同じ動き。

4 ♪だからひっこし　あのやまへ
②と同じ動き。

やってみてください。

★アップテンポにして遊んでみるのはもちろんだけど、川の汚れかたも見にいこう。

アルプス一万尺

スタンダード

美しいアルプスの山の上、
みんなでぐるりと輪になって、
トントン手拍子、足拍子。楽しく踊ろう！

2人組になり、向かい合う。

1 ♪アルプス
手拍子・右手・手拍子・左手の順に合わせる。

2 ♪一万尺
手拍子・両手・手拍子・ひねり両手の順に合わせる。

組んでひねった手のひらを合わせる

3 ♪こやりのうえで
うたに合わせて手を動かす。

こ — 右手が上でウルトラマン。

や — 左手が上でウルトラマン。

りの — 手はうしろ。

うえで — 右手前で橋をつくる。

第4章　冬・寒さに負けず いってみましょう

アルプス一万尺

アメリカ民謡

♩ = 120

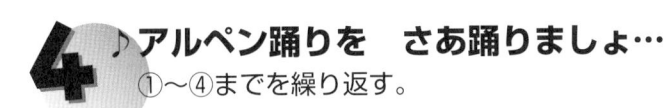

1. アルプス　いちまんじゃく　こやりの　うーえで　アルペン
2. きーのう　みたゆめ　でっかいちいさい　ゆめだよ　のーみが
3. いちまん　じゃーくに　テントを　はーれば　ほーしの

おどりを　おどりま　しょう　ヘイ
リュックしょって　ふじとざ　ん　ヘイ　　ラン　ララ　ラ　ラララ
ランプに　てがとどく　ヘイ

ラン　ララ　ラ　ラララ　ラン　ララ　ラ　ラララ　ラララ　ラ　ラー

4 ♪アルペン踊りを　さあ踊りましょ…
①〜④までを繰り返す。

バリエーション考えてみました。

★スピードアップして勝負してみよう。

スタンダード

せんろはつづくよ どこまでも

行ってみたいな、あの町、この町、
線路は続くよ、どこまでも。
ぼくらの夢のせ、今日も電車は走ってる。

2人組になり、向かい合う。

1 ♪せんろはつづ
手拍子、右手、
手拍子、左手の
順に合わせる。

2 ♪くー
右手、左手
の順に合わ
せる。

3 ♪よー
左手をそのままにして、2回右手タッチ

2回ね

トントン

すばやく！

4 ♪どこまでも…
①②③を繰り返す。

第4章　冬・寒さに負けず いってみましょう

せんろはつづくよどこまでも

佐々木　敏　作詞
アメリカ民謡

♩= 120

1. せんろはつづくよ　どこまでも
2. せんろはうたうよ　いつまでも

のをこえやまこえ　たにこえて
っしゃのひびきを　おいかけて

はるかなまちまで　ぼくたちの
リズムにあわせて　ぼくたちも

たのしいたびのゆめ　つないでる
たのしいたびのうた　うたおうよ

やってみてください。

★散歩に行ったら電車を見てみよう。見ながら手合わせもしてみよう。

あんたがた どこさ

スタンダード

どこさ？　トーキョーさっ！

トント　トント　ひざたたき
パンパ　パンパ　手を合わせ
どこの生まれか　ごあいさつ。

2人組になり、向かい合う。

1 ♪あんたがた　どこさ
ひごさ　ひごどこさ
くまもとさ
くまもと　どこさ
せんばさ

リズムに合わせてひざうちし、「さ」の部分では両手を合わせる。

あんたがたどこ…　さ

ポンポンポン　両手

2 ♪せんばやまには
たぬきが　おってさ
それを　りょうしが
てっぽうで　うってさ
にてさ　やいてさ
くってさ　それをこのはで

ひざトン・右手・ひざトン・左手を繰り返す。

ひたすらくりかえしてね

ひざ　ひざ　右　左

第4章　冬・寒さに負けず いってみましょう

あんたがたどこさ

わらべうた

あん た が た ど こ さ　ひ ご さ　ひ ご ど こ さ　く ま も と さ
く まも と ど こ さ　せん ば さ　せん ば や ま に は た ぬ き が
おっ て さ　それ を りょう し が てっ ぽ で うっ て さ　に て さ
やい て さ　くっ て さ　それ を こ の は で ちょい と か く せ

3 ♪ちょいとかくせ
左手のこぶしを右手でかくして、「せ」で後ろにかくす。

「ちょいとかーくー…」
「せっ」
サッ

バリエーション考えてみました。

★ボールあそびは、「さ」でボールをまたぐんだ。

「あんたがたどこ…」ドリブル
「よっと」
「さ」

コラム

人にさわろうキャンペーン

　子どもたちの手のひらって、冷たい子もいれば温かい子もいるんだよね。で、温かい子は、たいていいつも温かい。（眠いわけではないのに……）

　冬に冷たい外あそびから室内に帰ってくると、ぼくはMちゃんを探すんだよね。なぜかって、ただMちゃんの手のひらが温かいという理由だけ。でも子どもたちもそのことをよく知っていて、いつもMちゃんのところによく行って手をさわってもらっていたね。

　Mちゃんは引っ込み思案であまり目立たないけど、手が温かいだけでみんなのヒーローだった。手をさわられたり握手したりすると、元気になるような気がするよね。言葉も大切だけど、やっぱり肩をたたかれたり、抱きしめてもらったりされたほうが元気になるよね。

　きょうからみんなで、「人にさわろうキャンペーン」はじめましょうか？

第5章

歌の時間ですよ

おはよう！

おひさま、友だち、みんなにおはよう！
きのうとちがう今日のぼく。
新しい一日がはじまるんだ。

CD「うたのじかんですよ」に収録
(NKCD-3861) 発売：チャイルド本社

作詞・作曲　谷口國博　　編曲　伊東知江子

1. お ひ さ ま に　　お は　　よう　　（おはよう）　おおきなこえ　で　おは　よう　（おはよう）
2. となりのひと に　　お は　　よう　　（おはよう）　ちいさなこえ　で　おは　よう　（おはよう）

と も だ ち に　　お は　よう　（おはよう）　きょう　も　いい　てん　き
うしろのひとにも　お は　よう　（おはよう）　きょう　も　いい　てん　き

き の う に　く ら べ て　　きょうはちがって　る
き の う に　く ら べ て　　きょうはちがって　る

第5章　歌の時間ですよ

くものまほう！

しばふの上に寝ころんで、
いつまでもながめていたよ。
モコモコ変わる、くものまほう。

CD「うたのじかんですよ」に収録
(NKCD-3861) 発売：チャイルド本社

作詞　池田ようこ　　作曲　谷口國博　　編曲　伊東知江子

1. ふんわりくもを ながめて いいたら
2. さんかくくもを ながめて いいたら
3. まんまるくもを ながめて いいたら

くくく ももも ががが ととと つつつ ぜぜぜ んんん わおめだ たにま あぎや めりき にに

第5章　歌の時間ですよ

ぼくんちの いぬの なまえは こうへい！

元気なときも、そうでないときも、
いつも一緒。いつも仲よし。
ぼくんちのいぬ、だ～いすきなこうへい。

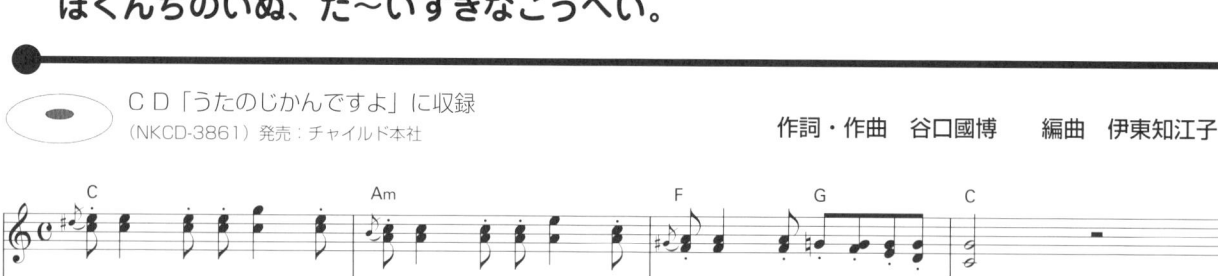

CD「うたのじかんですよ」に収録
(NKCD-3861) 発売：チャイルド本社

作詞・作曲　谷口國博　　編曲　伊東知江子

1. ぼくんちの　いぬの　　　なまえは　こうへい　　　はしっても　かぜは　　　きれない
2. ぼくのだいすきないぬの　なまえは　こうへい　　　さいきんげんきが　　　ありません
3. ゆうやけみているいぬの　なまえは　こうへい　　　こうへいは　　　　　　よろこんで

みじかい　あしを　　　うごかして　　　　　はしっても　かぜは　　　きれない
だいすきな　　　　　　ガムの　ほね　　　　ぜんぜんみむきも　　　しません
ぼくのかおを　　　　　みーつめて　　　　　ありがとうって　　　　きこえた

第5章　歌の時間ですよ

いちにちじゅうそらばかり　みあーげて　くもをみつめている

ゆうがたになるとぼくをさがーして　さかのうえまっているー

D.S.

Coda

ーさかのうえ　まっているーーーさか

のうえ　はしってくる　ー

ぼくは まちの まどふき

どこからともなく聞こえる、まどふきの歌声。
ピカピカにみがいたまどの向こうに、
遠い町で暮らす、君の笑顔が見えてきた。

CD「うたのじかんですよ」に収録
(NKCD-3861) 発売：チャイルド本社

作詞　谷口國博　　作曲　中川ひろたか　　編曲　伊東知江子

1. ぼくは まちの まどふき それが ぼくの しごと かぜが
   まちの まどふき それが ぼくの しごと ひがし

ふく ビル の うーえ ひとり せっせと はたらい ているー
ずむ まち の なーか いちばんぼしが みーえてきたー

ガラスに うつる とおくの そらを ふいて いたらー
ガラスに うつる ゆうやけの そらを ふいて いたらー

第5章　歌の時間ですよ

はたらきものの おじいさん

ある山に、おじいさんがおりました。
しばかって、まきわって……
一日中、おおいそがしのおじいさん。

CD「うたのじかんですよ」に収録
(NKCD-3861) 発売：チャイルド本社

1 ♪せい　せい　せいせいせい
スキーですべるように、前後にうでを動かす。

2 ♪むかしむかしの　そのむかし
ちょっとくっしんしながら、かいぐりする。

3 ♪やまにおじいさんが　おりました。
ひざをまげながら、頭の上で山を作るように手の先を合わせる。

第5章　歌の時間ですよ

4 ♪はたらきものの　おじいさん
右まわりで走る。

5 ♪しばかりばかりを　やっていた
左まわりで走る。（1番から5番まで同じ動き）

6 （1番）
♪すわってひろって×2
すわりながら、草をかってとる動作を繰り返す。

（2番）
♪ふりあげおとして×2
まきわりをするように、うでをふりあげておろす。

(3番)
**♪あーしをひろげて
　かーわでじゃぶじゃぶ**
足を広げてすわり、洗濯を洗うようにうでを動かす。

(4番)
♪とっくりひゃっくり×2
「とっくり」では、飲むまねを、
「ひゃっくり」では、広げた両手を上げる。

(5番)
♪てっぽうかついでばばんとうったが
腕を伸ばして、てっぽうをうつまねをする。

7 ♪よいしょ よいしょと かついでた
⑥の1番と同じ動きを繰り返す。

(5番)
♪くまがおこってついてきた
両手のこぶしをあげて、くまのまねをする。

はたらきもののおじいさん

作詞・作曲　谷口國博

ゆっくり歩いていこう

いそぐのをやめて、ゆっくり歩いていこう。
いつもより、空がずっと青く見えるはず。
ほら、くもがのんびりながれていくよ。

ＣＤ「うたのじかんですよ」に収録
(NKCD-3861) 発売：チャイルド本社

作詞・作曲　谷口國博　　編曲　伊東知江子

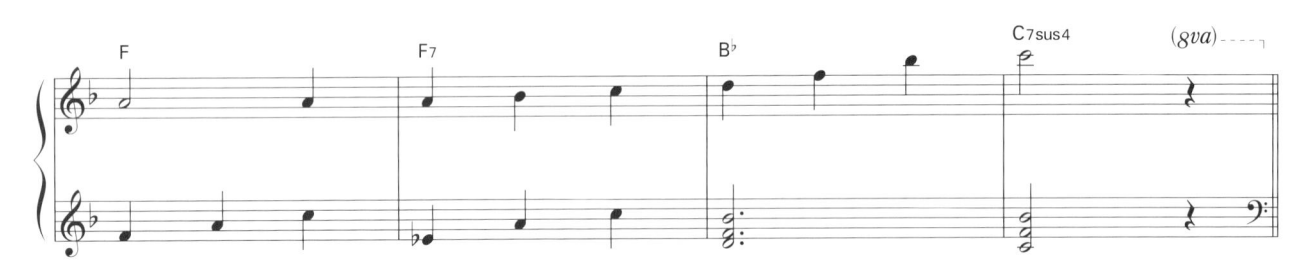

1. いそぎあしで　あるく
2. ほどうを　ゆっくりで　あるく

第5章　歌の時間ですよ

F
C
る ー
る ー
ゆっくりー ゆっくりー あ
Dm
Am
B♭
るいていこう そらが こんな
F
C
C7
にあおーくみえる ゆっ
F
C
Dm
くりー ゆっくりー あるいてい

第5章　歌の時間ですよ

やくそく

君と出会ったことはわすれない。
また会おう、いつかきっと。
……それは、ずっとずっとやくそく！

CD「うたのじかんですよ」に収録
(NKCD-3861) 発売：チャイルド本社

作詞・作曲　谷口國博　　編曲　伊東知江子

1. ながい ながいみちのとちゅう ぼくは きみにあえてよかった ずっと ずっと おぼえていたい ぼくは きみ
2. とおく とおくはなれていても ぼくと きみのそらはおなじさ ずっと ずっと ながれてゆく ながれぼし

第5章　歌の時間ですよ

とぼくのやくそく　きみとやくそ
く　　く

第5章　歌の時間ですよ

●著者プロフィール

谷口國博（たにぐち・くにひろ）

　1970年生まれ。東京都八王子市の保育園に5年勤務した後、フリーの創作あそび作家になる。全国の保育園・幼稚園の先生方の講習会、また親子コンサートなどで活躍中。2005年よりNHK「おかあさんといっしょ・あそびだいすき！」の番組監修を担当。

　著書に『たにぞうの手あそびでござんす』（チャイルド本社）、『スダジイのなつ』（ひさかたチャイルド）、『たにぞうの親子あそびでギュッ！』、『うちのかぞく』、『うちのきんぎょ』（世界文化社）など。

たにぞう ホームページ http://www.tanizou.com/

表紙カバーイラスト	村上康成
表紙カバーデザイン	鹿野サトシ
本文イラスト	山口まく
編集協力・ページ作成	鹿野サトシ　清水　聰
楽譜版下	クラフトーン

たにぞうの 手あわせあそび おねがいします

2003年5月　初版第1刷発行
2015年2月　　　第5刷発行

著　者　谷口國博　© KUNIHIRO TANIGUCHI 2003
発行人　嶋崎善明
発行所　株式会社 チャイルド本社
　　　　〒112-8512　東京都文京区小石川5-24-21
　　　　電話 03-3813-3781　振替 00100-4-38410
〈日本音楽著作権協会（出）許諾第0305193-405号〉
印刷所　共同印刷 株式会社
製本所　一色製本 株式会社

落丁・乱丁本はお取り替えいたします。

チャイルド本社ホームページアドレス　http://www.childbook.co.jp/
チャイルドブックや保育図書の情報が盛りだくさん。どうぞご利用ください。